어린이가 만나는 **45** 가지 곤란한 상황!

너라면 어떡할래?

어린이가 만나는 45가지 곤란한 상황!

너라면 어떡할래?

1판 1쇄 2019년 11월 11일 | **1판 7쇄** 2023년 3월 2일
글 제니퍼 무어 말리노스 | **그림** 앤디 캐틀링 | **옮김** 양승헌
펴낸이 김준성 | **펴낸곳** 도서출판 키움
주소 경기도 파주시 회동길 325-16 | www.kwbook.com
전화 02-887-3271,2 | **팩스** 031-941-3273 | **등록** 2003.6.10 (제18-144호)
ISBN 978-89-6274-447-7 (77370)

What would you do?

Text by Jennifer Moore-Mallinos
Illustrations by Andy Catling
Original title of the book in Catalan : Vida Saludable
Copyright © 2019 by GEMSER PUBLICATIONS S.L.
C/Castell, 38; Teia (08329) Barcelona, Spain
All rights reserved.
Korean Translation Copyright © 2019 by Kiwoom Publishing Co., Korea
This Korean edition was published by arrangement
with GEMSER PUBLICATIONS S.L.
through PROPONS Agency, Korea

이 책의 한국어판 저작권은 프로폰스 에이전시를 통한 GEMSER PUBLICATIONS S.L.과의 독점 계약에 의하여
도서출판 키움에 있습니다. 신 저작권법에 의하여 한국 내에서 보호를 받는 저작물이므로 무단 전재와 무단 복제를 금합니다.

※ 파손된 도서는 구입하신 서점에서 교환하실 수 있습니다.

어린이가 만나는 **45**가지 곤란한 상황!

너라면 어떡할래?

제니퍼 무어 말리노스 글 | 앤디 캐틀링 그림 | 양승현 옮김

차례

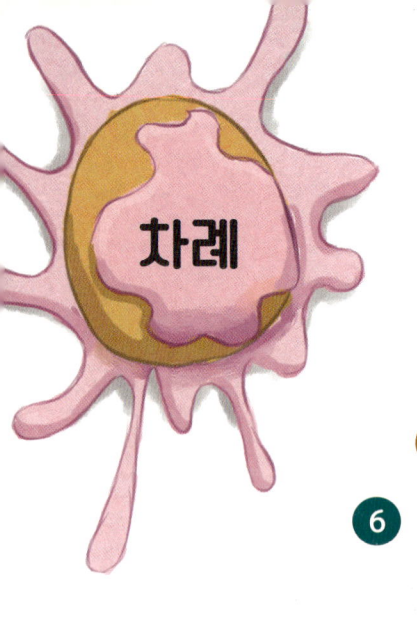

1. 길을 가는데 앞사람 주머니에서 **돈**이 빠져나오면? 7
2. 친구가 **따돌림당한다고** 말해 주며 **비밀**로 해 달라고 하면? 9
3. **햄버거** 먹는 동생의 얼굴이 온통 **케첩 범벅**이면? 11
4. 낯선 사람이 **개**를 잃어버렸다며 **같이 가자면**? 13
5. 이모가 **맛없어 보이는 음식**을 주면? 15
6. 미용실에 다녀온 엄마의 **머리 모양**이 이상하면? 17
7. 친구랑 둘이 있는데 피자가 **딱 한 조각** 남으면? 19
8. 산책 중에 **강아지**가 똥을 누면? 21
9. **정말 원하는 장난감**이 있는데 돈이 없으면? 23
10. 친구가 **나쁜 메시지**를 보내라고 시키면? 25
11. 친구가 **이상한 웹사이트**를 알려 주면? 27
12. 언니 바지를 **몰래** 입었는데 찢어졌으면? 29
13. **길 잃은 개**를 만나면? 31
14. 친구 **생일 파티**에 네가 싫어하는 아이도 온다면? 33
15. 남자가 발레를 좋아한다고 친구들이 놀리면? 35
16. 시험 때문에 **학교 가기 싫으면**? 37
17. 욕실에 **엄마 약**이 놓여 있으면? 39
18. **수영장**에서 갑자기 **쉬**가 마려우면? 41
19. 낯선 사람이 **현관문을 두드리면**? 43
20. **저녁**을 먹는데 강아지가 빤히 쳐다보면? 45
21. **전화기**를 들었는데, 누나가 친구랑 통화하고 있으면? 47
22. **이가 너무 아픈데** 치과에 가기 싫으면? 49

㉓ 여동생이 넘어져서 바지가 **찢어졌으면**? 51

㉔ 너무너무 슬플 때면? 53

㉕ **깨진 병 조각**들이 놀이터에 굴러다니면? 55

㉖ 의사 선생님이 **역겨운 약**을 주면? 57

㉗ 급식 시간에 친구들이 **음식 싸움**을 하면? 59

㉘ 친구랑 극장에서 꼭 같이 보고 싶은 **영화**가 있으면? 61

㉙ **냉장고 문**을 닫지 않아 아이스크림이 다 녹았으면? 63

㉚ 학교에서 누군가 너를 기분 나쁘게 **만지면**? 65

㉛ 자동차를 탔는데 **안전띠**가 너무 꽉 조이면? 67

㉜ 음식물 쓰레기 분쇄기에 **숟가락**을 떨어뜨렸으면? 69

㉝ 가장 친한 친구에게 정말 **화가 나면**? 71

㉞ **숨바꼭질**하는데, 친구가 높은 나무 꼭대기에 올라가면? 73

㉟ 못되게 구는 아이의 **신발**에 **휴지**가 붙어 있으면? 75

㊱ 가만있는데 **동생**이 와서 네 팔을 꽉 물어 버리면? 77

㊲ 부모님께 전하기 싫은 **쪽지**가 있으면? 79

㊳ 친한 친구가 **뚱뚱하다**고 기분 나쁘게 말하면? 81

㊴ 오빠가 바닥에 **쓰러져서** 일어나지 못하면? 83

㊵ 시험 시간에 친구가 **답**을 슬쩍 보여 달라면? 85

㊶ 할머니를 위해 옆집 **분홍 장미**를 꺾고 싶다면? 87

㊷ 선풍기 안으로 **손가락**을 넣어 보고 싶으면? 89

㊸ **합창부 공연**에서 노래를 부르는데 갑자기 **토**할 것 같으면? 91

㊹ 쇼핑을 하는데 동생이 **숨는 장난**을 하면? 93

㊺ 탁자 위에 **라이터**가 있는 걸 본다면? 95

이렇게 읽어 봐요!

1. 오른쪽 페이지의 **질문**을 읽는다.
2. 다음 장으로 넘기기 전에 **나라면 어떻게 할 건지 대답**해 본다.
   (책에서 제시하는 두 가지 방향이 아니어도 괜찮아요!)
3. **왜 그렇게 할 건지도 대답**해 본다.
4. 페이지를 넘겨 **작가의 말**을 들어 본다.
5. 나의 대답과 비교하며 읽으면 **재미도 두 배, 깨달음도 두 배!**

너만의 BEST 답변이 있을 수 있어!

돈을 갖는 건 아주 솔깃한 일이지.
하지만 옳은 일은 아니야.
**그 돈을 주워서, 흘린 사람에게
돌려주는 게 옳은 일이지.**

언젠가는 네가
그 상대방 입장이 될 수도 있단다.

친구가 학교에서 **따돌림을 당한다고**
너한테 털어놓았어.
그러고는 **비밀**로 해 달라는 거야.
너라면 어떡할래?

친구 부탁대로 비밀을 지켜 줄래?

선생님께 말씀 드릴래?

어른에게 도움을 구하는 건 괜찮아.
비밀이라고 해서 상처받고 있는 친구의
비밀까지 지켜 줘야 하는 건 아니야.

기억하렴. 무엇보다 안전이 제일이라는 걸!

동생이 **햄버거**를 먹고 있는데,
얼굴이 온통 **케첩 범벅**이네.
너라면 어떡할래?

동생에게 말해 줄래?

얼굴을 닦게 휴지를 건네줄래?

둘 다 괜찮은 방법이야.
얼굴에 뭐가 묻었다고 알려 주면 닦을 테고
휴지를 주면 더 쉽게 닦을 테니까.
누군가 우리를 돕길 바라지?
그렇다면 우리도 누군가를 돕는 게 옳은 일이야.

그게 장난꾸러기 동생이라도 말이야.

낯선 사람을 따라가는 건 안 돼!
특히 혼자일 때는 절대 안 되고말고.
위험하니까 말이야.
낯선 사람이란 네가 모르는 사람이잖아.
그럼 좋은 사람인지 나쁜 사람인지도 당연히 모르지.

조심하렴. 절대 따라가지 마!

이모네 갔어. 그런데 이모가 생전 처음 보는 데다가 맛도 없어 보이는 음식을 주는데, 너라면 어떡할래?

먹기 싫다고 할래?

조금 먹어 볼래?

나라면 먹어 볼 거야.
나를 위해 정성껏 만들어 주셨는데,
맛이라도 보는 게 예의지!
새로운 걸 먹는다는 건 때때로 쉽지 않은 일이지.
하지만 한 입 먹었다가 너무 맛있어서 깜짝 놀랄지도 몰라.
네가 제일 좋아하는 음식이 될 수도 있다고.

그러니 한번 먹어 보렴. 냠냠!

엄마가 미용실에 다녀왔는데,
머리 모양이 이상한 거 있지.
그런데 어때 보이냐고 묻는 거야.
너라면 어떡할래?

이상하다고 얘기할래?

예쁘다고 말해 줄래?

방긋 웃으며
"머리 모양이 어떻든 엄마는 예뻐요!"
라고 말하는 건 어때?

솔직한 것도 좋지만,
내가 하는 말이 누군가를 슬프게 한다면,
꿀꺽 삼키고 안 해도 된단다.

너는 그런 적 없니?
다른 사람의 마음을 아프게 할까 봐
말하지 않은 적 말이야!

나누어 먹으면 되지!
나눔은 언제나 좋은 일이란다.
누군가 너에게 뭔가 나눠 줬을 때
얼마나 기뻤는지 기억해 보렴.
네가 뭔가 나눠 주면
다른 사람도 똑같이 느끼겠지?

그건 느껴 본 사람만 아는 아주 멋진 기분이지!

나라면 똥을 치울 거야!
깨끗한 우리 동네를 위해 우리 강아지 뒤처리를 하는 건 당연하잖아.
그게 즐거운 일은 아니겠지만,
애완동물을 키우려면 그런 책임감은 있어야지.
그러니까 산책하러 나갈 때면, 배변 봉투 챙기는 거 꼭 잊지 마.

우리 강아지 똥은 내가 책임지자고!

마트에 갔는데
네가 **정말 원하는 장난감**이 있는 거야.
그걸 살 돈은 없는데 말이지.
너라면 어떡할래?

집안일을 돕고 용돈을 모아서 나중에 살래?

그냥 슥 가져올래?

혹시 그냥 쓱 가져온다고 한 건 아니겠지?
집안일을 돕고 용돈을 모아 나중에 사야지!
돈을 내지 않고 뭔가 가져오는 건 도둑질이야!
도둑질은 안 되고말고.
물론 갖고 싶은 걸 사려고 꾹 참고 기다리는 건 힘든 일이지.
하지만 넌 할 수 있어!
게다가 집안일 돕는 건 모두에게 좋은 일이잖아?

네가 정말정말 사고 싶은 게 있니?

친구가 재미난 놀이가 생각났다며,
네 전화기로 다른 친구에게
나쁜 메시지를 보내라고 시켰어.
너라면 어떡할래?

같이 나쁜 메시지를 보낼래?

그런 말은 안 들을래?

그런 말은 무시해도 괜찮아!
다른 사람을 괴롭히는 건 재미난 놀이가 될 수 없단다.
남의 기분을 상하게 하는 게 어떻게 재미있겠어?

그건 놀이가 아니라 따돌림이라고!

컴퓨터 시간에 친구가 **이상한 웹사이트**에 들어가는 방법을 알려 주겠다는 거야. 어린이가 보면 안 되는 건데 말이야. 너라면 어떡할래?

궁금하니까 들어가 볼래?

싫다고 말할래?

누군가 너에게 잘못된 걸 시키면, 싫다고 할 수 있어야 해.
그 친구가 네 말을 안 듣는다면, 어른에게 도와 달라고 하렴.
진정한 친구는 나쁜 일을 권하지 않아.

"아니, 싫어!"라고 말해도 괜찮단다.

언니 바지를 몰래 입었어.
앗, 그런데 어쩌면 좋아?
바지가 그만 찢어져 버렸네.
너라면 어떡할래?

사실대로 털어놓을래?

옷장에 슬그머니 갖다 둘래?

**잘못을 사실대로 말하는 건 어려워.
하지만 그게 옳은 일이지.**
게다가 너도 알다시피 진실은 언젠가 드러나게 되어 있어.
언니가 곧 옷장에서 바지를 꺼내 입을 거라고.

그리고 그 구멍을 보면……,
으악! 그다음은 말할 필요도 없겠지?

모르는 개 가까이 다가가는 건 결코 좋은 생각이 아니야.
먼저 엄마나 아빠한테 그 개에 대해 말해야지.
그다음 엄마나 아빠의 도움을 받아,
그 개에게 주소나 이름표가 달려 있나 살펴보는 거야.

길을 잃는 건 정말 무섭잖아!
개도 우리랑 똑같다고.

야호! 친구 생일 파티에 초대받았어.
그런데 네가 싫어하는 아이도 거기에 온대.
너라면 어떡할래?

그래도 파티에 갈래?

못 간다고 할래?

파티에 가야지!
네가 안 가면, 생일인 친구가 얼마나 속상할지 그것부터 생각해 봐.
모든 사람을 좋아할 필요는 없어.
하지만 싫은 사람이 있다고 재밌는 걸 못 하면 안 되지.

그리고 말야, 네가 싫어하는 아이가 사실은
나쁜 애가 아니라는 걸 알게 될지도 몰라.
그럼 너도 깜짝 놀랄걸?

남자 녀석이 발레를 좋아한다고
친구들이 놀려서 속상해.
너라면 어떡할래?

발레 말고 다른 운동을 찾을래?

발레를 계속할래?

네가 좋아하는 걸 하는 건 즐겁고도 중요한 일이야.
물론 친구들이 하는 말에 신경 쓰지 않는 건 꽤 어렵겠지.
하지만 그 아이들이 뭐라고 생각하든 그건 중요하지 않아.
'내가 정말 즐길 수 있는가?' 그게 중요하지.

네가 정말 좋아서 하는 건 뭐니?

오늘은 받아쓰기 시험이 있는 날이야!
시험 때문에 학교에 가기 싫어.
너라면 어떡할래?

아프다며 집에 있을래?

잠깐이라도 책을 보고
학교에 갈래?

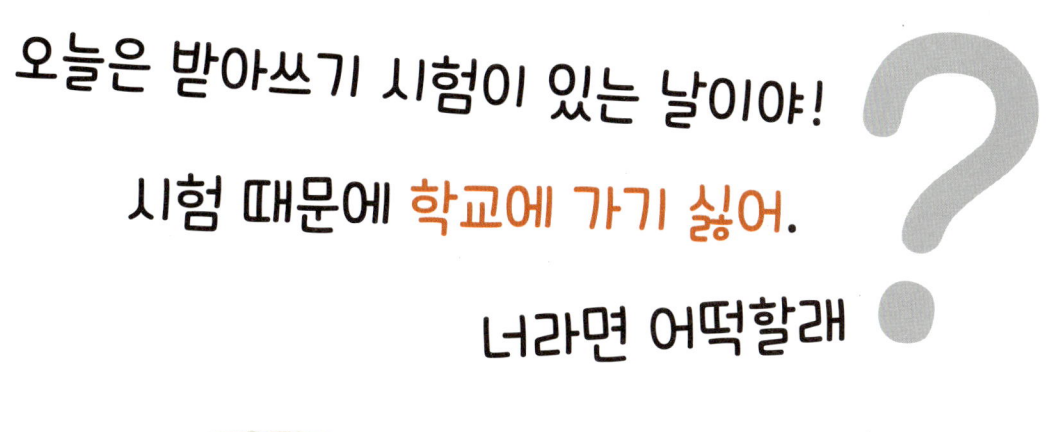

학교에 가야지!

시험 보는 게 겁날 때도 있어.

하지만 그 마음을 물리칠 힘은

연습, 연습, 또 연습하는 데서 강해진단다.

잊지 마!

필요할 때는 부모님께

도와 달라고 해도 괜찮다는 걸.

욕실에 엄마 약이 놓여 있네.
너라면 어떡할래?

궁금하니까 슬쩍 열어 볼래?

그냥 두고 나올래?

다른 사람의 약을 만지거나 먹는 건 위험해.
우리가 먹어도 되는 약은 의사 선생님이
우리에게 처방해 준 약 뿐이란다.

그리고 엄마 아빠가 먹어도 된다고 한 약 뿐이지!
그것 말고는 절대! 함부로 손 대는 건 위험해!

수영장에서 신나게 놀고 있는데
갑자기 쉬가 마렵네.
너라면 어떡할래?

아무도 모르게 쉬할래?

화장실로 갈래?

우웩, 물 안에다 쉬하는 건 더러워!
단 몇 분만 내면 볼일을 볼 수 있다고.

걱정하지 마.
네가 돌아올 때까지 수영장은
어디 안 가고 그대로 있을 테니까.

앗, 낯선 사람이 집에 와서 문을 두드려.

너라면 어떡할래?

얼른 문을 열어 줄래?

엄마 아빠를 기다릴래?

가장 안전한 방법은 엄마 아빠를 기다리는 거야.
엄마 아빠가 문을 열지 말지 결정할 테니까.

기억하렴.
낯선 사람이 겉으로는 좋은 사람처럼 보이더라도,
정말 좋은 사람인지 아닌지는 알 수 없다는 걸.

냠냠, 저녁을 먹으려는데
강아지도 먹고 싶다고 애처롭게 쳐다보네.
너라면 어떡할래?

강아지한테 네 밥을 나누어 줄래?

강아지 간식을 줄래?

귀여운 털북숭이 친구한테 "안 돼!"라고 말하는 건 참 어렵지.
하지만 애완동물에게 사람 음식을 주는 게 썩 좋지는 않아.

대신 강아지 간식을 주렴.
강아지가 엄청 좋아할 거야!

전화기를 들었는데,
누나가 친구랑 통화하는 게 들리는 거야.
너라면 어떡할래?

조용히 엿들을래?

전화기를 얼른 내려놓을래?

전화기를 내려놓아야지!
다른 사람 대화를 엿듣는 건 좋은 생각이 아니야.

남들에게는 알리기 싫은 이야기를 하고 있을지도 모르잖아.

끙, 이가 너무 아픈데
엄마한테는 말하기 싫어.
치과에 가는 건 무서우니까.
너라면 어떡할래

엄마한테 말할래?

꾹 참아 볼래?

치과에 가는 게 좋지는 않지만 그대로 두면 더 아플 거야.
아플 때 엄마 아빠한테 말해야만, 엄마 아빠가 도와줄 수 있지.

괜찮아. 너는 할 수 있어!

여동생이 넘어져서 바지가 **찢어졌어.**

너라면 어떡할래**?**

깔깔깔 비웃을래?

일으켜 주고 괜찮은지 살펴볼래?

비웃는 건 정말 나쁜 행동이야.
상대방이 다치고 창피해 할 땐 더욱 그렇지.
가장 좋은 방법은 말이야,
먼저 **여동생이 다쳤는지 확인하고**
바지에 구멍 난 걸 알려 주는 거야.
그래야 새 바지로 갈아입지.

누군가 너를 비웃는다면
네 기분은 어떨까 생각해 보렴.

너무너무 슬플 때가 있어.

너라면 어떡할래?

혼자 마음에 꼭꼭 담아 둘래?
누군가에게 네 기분을 말할래?

누군가에게 네 마음에 대해 말한다는 게 힘들 수도 있어.
하지만 말하지 않는 건 더 힘들지.
너를 슬프게 하는 것에 대해 말하면 기분이 나아질 거야.
그뿐 아니라, 문제를 풀어서 상황을 더 나아지게 할 수도 있단다.

너를 사랑하는 사람과 너의 마음을 나누렴.

공원에 갔는데 **깨진 병 조각들이** 놀이터에 굴러다니는 거야. 너라면 어떡할래?

병 조각들을 주울래?

그냥 놀래?

둘 다 안 돼!
놀이터를 깨끗이 치우려는 마음은 착하지만,
깨진 병 조각을 줍는 건 위험하거든.
그리고 깨진 병 조각들이 굴러다니는 곳에서 노는 건
당연히 좋은 생각이 아니지.

가장 좋은 방법은
어른에게 도와 달라고 하는 거란다.

몸이 아픈데, 의사 선생님이
너무너무 **역겨운 약**을 줬어.
너라면 어떡할래?

약을 먹을래? 약을 안 먹을래?

때때로 우리는 하고 싶지 않은 일을 해야 해.
맛이 고약한 약을 먹는 건 그중 하나지.
아픈 건 즐거운 일이 아니니까 말이야.
용기를 내렴. 입을 크게 벌리고 셋까지 세어 보는 거야.

금세 기분이 나아지고,
약은 벌써 다 먹어서 한 방울도 안 남아 있을걸.

즐거운 급식 시간이야. 누군가 "음식 싸움이다!"라면서 음식을 던졌어. 너라면 어떡할래?

싸움에 끼어들래?

끼지 않을래?

끼지 말고 그 자리를 떠나렴.
음식 싸움이 엄청 재미나 보이는 데 그냥 떠나는 건 어렵지.
하지만 그 뒤에 벌어질 엄청난 난장판을 생각해 봐.
아까운 음식을 얼마나 낭비하는지도.

음식은 먹기 위한 거지 놀기 위한 장난감이 아니라고!

친구랑 꼭 같이 보고 싶은 영화가 있어.
그런데 부모님이 극장에 안 보내 줄 것 같아.
너라면 어떡할래?

엄마 아빠 몰래 극장에 갈래?

좋은 결과를 빌면서 솔직히 물어볼래?

부모님께 말도 없이 다른 곳에 가는 건 위험해.
거짓말일 뿐 아니라 안전하지 않은 일이라고.
부모님은 우리가 누구랑 어디에 있는지 언제나 알아야 해.
부모님이 너를 극장에 데려다주고 영화가 끝난 뒤
데려오기로 하는 건 어때? 그럼 허락받을지도 몰라.

아니면 어떤 방법이 있을까?

깜빡 잊고 냉장고 문을 열어 놓아서
아이스크림이 다 녹아 버렸어.
너라면 어떡할래?

동생한테 뒤집어씌울래?
사실대로 털어놓을래?

나는 동생 탓으로 돌릴 거야.
히히, 농담이야!
냉장고 문을 일부러 열어 놓진 않았겠지.
그건 실수였다고.
그러니 가장 좋은 방법은,
쉽진 않더라도 사과하고 책임지는 거지.

그다음 녹은 아이스크림을
싹싹 치운다면 더욱 좋겠지?

학교에서 선배가 너를 **만지는데**
기분이 너무 나빠.
너라면 어떡할래**?**

선배가 말하지 말라고 했으니까 비밀로 할래?

어른에게 말할래?

보통 이런 종류의 비밀은 나쁜 비밀이야.
그러니 엄마 아빠나 선생님 같은 **어른에게 말해야 해.**
기억하렴. 모든 비밀이 지켜져야 하는 건 아니라는 걸.

어른에게 도와 달라고 하는 게 옳은 일이란다!

자동차를 탔는데 안전띠가
너무 꽉 조이는 거야.
너라면 어떡할래?

안전띠를 풀고는 맨 척 할래?

도와 달라고 할래?

어떤 상황이든 안전이 제일이야.
특히 자동차에 탔을 때는 더욱 그렇지.
부모님께 도움을 청해 봐.
아마 안전띠가 너무 꽉 죄는 이유를 알려 주실 거야.
두꺼운 코트를 벗기만 해도 안전띠가 한결 편해질걸.

어때? 네 생각도 그렇지?

둘 다 안 되지!
손을 음식물 쓰레기 분쇄기에 넣는 건 절대 안 돼.
너무 위험하거든.
분쇄기 안에 숟가락이 들어 있는 걸
아무에게도 말하지 않는 것도 위험해.
가장 좋은 건 엄마 아빠에게 알리는 거야.

엄마 아빠가 분쇄기에서 숟가락을 안전하게 꺼낼 테니까.

가장 친한 친구에게 정말 화가 났어.
너라면 어떡할래?

소리치며 화낼래?

심호흡부터 세 번 하고 마음을 가라앉힐래?

화가 나는 건 괜찮아.
하지만 화났을 때 어떻게 행동하는지는 중요하지.
소리치고 화내는 건 문제를 해결하는 데 결코 도움이 안 돼.
네 기분을 말하기 전에 먼저 흥분을 가라앉혀야 해.
그래야 더 큰 싸움이 생기지 않아.
숨을 깊게 세 번 들이마시는 건 꽤 도움이 된단다.

너는 잔뜩 화가 났을 때 어떻게 하니?

숨바꼭질하는데, 친구가
높은 나무 꼭대기에 올라가 숨겠다는 거야.
너라면 어떡할래?

빨리 올라가라고 응원해 줄래?

위험하니까 올라가지 말라고 할래?

숨바꼭질할 때 숨기 좋은 곳을 찾아서
술래한테 끝까지 안 들키면 정말 신나지.
하지만 위험한 곳에 숨어서는 안 돼.
높은 나무에 기어오르는 건 괜찮아 보일지도 몰라.
하지만 잊지 마. 결국 기어 내려와야 하고,
그건 아주 무서울 거라고.

재미있게 노는 건 좋아.
하지만 언제나 안전이 제일!

학교에서 못되게 구는 아이가 있어.
그 아이가 화장실에서 나오는데
신발에 **휴지**가 붙어 있네.
너라면 어떡할래?

못 본 척할래? 말해 줄래?

친구가 너한테 못되게 굴면
너도 못되게 갚아 주고 싶지?
하지만 그게 옳은 일은 아니야.
**누구라도 신발에
휴지가 붙어 있다면
조용히 알려 주는 게
옳은 일이지.**
그럼 그 아이는
다른 친구들 앞에서
창피당하지 않은 걸
무척 다행으로 여길 거야.

누군가 네가 창피하지 않도록
도와준 적 있니?

아야! 가만있는데 **동생**이 와서
네 팔을 꽉 물어 버렸어.
너라면 어떡할래?

똑같은 아픔을 느끼라고
동생을 꽉 물래?

안 된다고 가르쳐 줄래?

너도 동생을 꽉 물어 주고 싶겠지만
그건 좋은 방법이 아니야.
**숨을 깊게 들이마신 다음,
동생에게 물어도 될 다른 걸 알려 주는 건 어때?**

동생이 너 대신 물어도 될 게 뭐가 있을까?

선생님이 부모님께 전하라며 **쪽지**를 주셨어.
으악, 그건 네가 숙제를 안 냈다는 쪽지야.
너라면 어떡할래?

안 좋은 내용이니까 쪽지를 슬쩍 숨길래?

쪽지를 전할래?

부모님께 쪽지를 전하지 않는다면 문제는 더 커질 거야.
가장 좋은 방법은 부모님께 쪽지를 건네며
네가 숙제를 다 해서 선생님께 낼 계획이라고 말하는 거야.
도움을 청하는 건 언제나 괜찮다고 한 말 기억하지?
특히 숙제를 마치는 거라면 기꺼이 부모님이 도와주실 거야.

숙제를 반드시 끝내기 위해서 너는 어떤 방법을 쓰니?

가장 친한 친구가 너더러 뚱뚱하대.
너라면 어떡할래?

살을 빼려고 굶을래?

상처받았다고 말할래?

먹는 걸 그만두는 건 좋은 방법이 아니야.
하지만 **친구가 한 말 때문에 네 기분이 어떤지 말하는 건 좋은 방법이야.**
기억하렴. 건강을 지키는 첫 번째 방법은 과일이나 채소처럼 영양가 있는 음식을 골고루 먹는 거란다.

웃어 봐! 너는 언제나 예뻐!

이런 상황이 생기면 너무 무서울 거야, 그렇지?
위급한 상황에서는 당연히 도움을 받아야만 해.

도움이 필요할 때 어떻게 해야 하는지 알지?
119나 엄마 아빠 등 도와줄 사람에게 빨리 전화하렴.

뭔가 잘 해내지 못할까 봐 걱정될 때,
우리는 쉬운 방법을 찾기도 해.
커닝을 해서라도 말이야.
나라면 말이지, **그건 안 된다고 거절하고,
나중에 친구의 공부를 도와주겠어.**
친구가 커닝할 필요가 없게 말이야.

친구의 든든한 도움!
우리에게 필요한 건 그게 전부일 때도 있단다.

할머니 생신이야.
할머니는 분홍 장미를 좋아해.
그런데 옆집에 분홍 장미가 피어 있어.
너라면 어떡할래?

장미를 몰래 꺾어 올래?

허락을 받고 얻어 올래?

원하는 게 있다고 마음대로 가져와선 안 돼.
주인이 있다면 당연히 주인의 허락을 받아야지.
그럼 놀라운 걸 배울 거야.
그저 상냥하게 부탁하는 것만으로 그걸 얻을 수도 있다는 걸.

부탁해 보지 않으면 결코 알 수 없는 거지!

선풍기 앞에 앉아 있는데,
선풍기 안으로 손가락을 넣으면
어떻게 될까 궁금해졌어.
너라면 어떡할래?

그렇게 할래? 안 할래?

손가락을 선풍기 안에 넣으면 안 돼!
그랬다간 손가락이 잘릴 수도 있다고!

선풍기 안에 손가락이든 뭐든 넣는 건 위험하단다.

합창부 공연이야.
학교 전체 학생들 앞에서
노래를 부르는데 갑자기 **토**할 것 같아.
너라면 어떡할래

계속 노래할래? 화장실로 갈래?

이건 어려운 문제네!
긴장해서 토할 것 같은 건지,
정말 탈이 나서 그런 건지 알기 어려우니까.
어느 쪽이든, **그걸 알아내기 위해 화장실로 가렴.**
노래하다 토하게 되면 얼마나 끔찍하고 창피할지 상상해 봐.

때로는 네가 하던 걸 멈추고
모든 게 괜찮은지 확인하는 게 낫단다.

엄마랑 쇼핑을 갔어.
엄마가 옷을 고르느라 바쁜 틈에,
동생이 옷걸이 뒤에 숨는 장난을 하는 거야.
너라면 어떡할래?

엄마한테 말할래? 모르는 척 눈 감아 줄래?

어린 꼬마들은 옷 사이에 숨는 걸 재미있어해.
심심하면 더 그렇지.
하지만 그러다가 엄마를 잃어버리면?
재미는 싹 달아나 버리고 두려움만 남겠지.
그러니까 **엄마에게 말하는 게 좋아.**
그럼 엄마가 동생을 카트에 태울 수도 있어.

아니면 네가 엄마를 도와
동생 손을 잡고 있어도 좋겠지?

탁자 위에 라이터가 있는 걸 봤어.

너라면 어떡할래

한번 켜 볼래? 놔둘래?

불을 붙일 수 있는 성냥이나 라이터를
갖고 노는 건 무척 위험해!
다칠 수 있을 뿐 아니라 불이 날 수도 있다고.

성냥이나 라이터는 어른들이 쓰는 거지,
어린이가 쓰는 게 아니란다!